睁大眼睛看世界

L'Archéologie

考古：探墓我不怕！

〔法〕菲利浦·纳斯曼（Philippe Nessmann）/ 著
〔法〕彼得·艾伦（Peter Allen）/ 绘
陈晨 / 译

北京日报出版社

目　录

什么是考古学

　　多么壮观的古代遗址啊！在很久很久以前，就有人类生活在这里。他们是谁？他们是什么时候建造出这些奇观的？他们又是如何生活的？为了找到答案，考古学家们需要向地下挖掘，尝试找出来自过去的信息。

古希腊时代

考古学并不是一门新的学科，2500年前的古希腊就已经有了考古学的萌芽。那时的古希腊人喜欢追寻传说中英雄人物的踪迹，例如，大力士海格利斯、铜头铁臂的阿喀琉斯。

过去的痕迹

半人半神的英雄……

古希腊神话中有许多关于神与半人半神的英雄的故事：勇敢的海格利斯和他的十二伟绩，果敢的阿喀琉斯与特洛伊战争，尤利西斯和他的漫漫归程……

……与人类

2500多年前，一些希腊人想知道他们的祖先中是否存在过半人半神的英雄。要是有，那该是多么荣耀的事情啊！因此，他们开始探索历史、寻找祖先。

你知道吗

"考古"一词就是从希腊语来的。原希腊语中的这个词是由"过去的"和"研究"两个词组成，意思就是探索古老事物的起源。

追寻祖先的足迹

为了探寻祖先的历史，很多古希腊学者都游历考察过许多地方，例如著名的历史学家希罗多德。他们钻研古埃及和波斯文明，对人类、半人半神的英雄与神的传说很着迷。

考古学的起源

今天的我们并不清楚古希腊人的祖先是否存在过半人半神的英雄，但是，古希腊人对半人半神的英雄的探寻却成就了最早的考古活动……

收藏家

希腊时代过去了大约 2000 年后，开创文艺复兴的意大利人再次登上了考古的舞台。这次，他们要在历史中寻找——美!

各式各样的古董

16 世纪初，意大利人开始在罗马兴建大批的宫殿和教堂。他们在为这些建筑打地基的时候，发现了大量令人惊奇的宝物：雕塑、庙宇的残垣、铜器……

这些古董都有着超过千年的历史，它们是罗马帝国的遗迹。大量富有的艺术资助者被这些古董的美丽所吸引，开始了收藏的旅程。

波提切利、米开朗琪罗等大批文艺复兴时期的意大利艺术家，都在这些美丽的古代艺术品中找到了灵感。不论画家、雕塑家、建筑师还是戏剧作者都尝试着去重现古希腊、古罗马作品中的优雅与美感。

猜猜看
文艺复兴的名字是怎么来的呢？

人们通常认为，在古代历史中，希腊和罗马的文化是非常辉煌的。因此，16 世纪这场重现古代辉煌的艺术运动被称为"重生"，也就是"复兴"啦！

难解之谜

这个鸟类祖先的化石，和大多数化石一样，都有着几百万年的历史。它们给学者们留下了难解之谜。它们从何而来？

《圣经》说得对吗

奇珍异宝

人们时而会从地下挖掘出很多奇妙的宝贝：神奇的动物化石、史前人类的骨骼、打制石器……

从何而来

17、18世纪，一些学者开始设想他们的祖先来自某种今天已经消失的动物，甚至是某个消失的人种。

你知道吗

在过去很长的一段时间里，欧洲天主教会的权力十分强大。1600年，意大利的学者布鲁诺因为对外宣称"地球是围绕太阳运转的"而被教会下令烧死。可他所说的，却是事实。

难题

但是这些学者遇到了一个难题。依《圣经》所说，上帝用六天的时间创造了天、地、植物、动物和人类，却从未提到过那些消失了的动物……

沉默……

为了避免与当时强大的教会产生冲突，许多学者选择了保持沉默，而并不把他们的猜想表达出来，这阻碍了考古学的发展……

新学科的诞生

多漂亮的猛犸象啊！在 19 世纪，学者们终于证明了史前人类的存在。史前人类生活在岩洞中，和猛犸象存活于同一个时代……

收获多多的 19 世纪

一次发现

1844 年，法国考古学家德彼尔特在一颗猛犸象牙旁边，发现了一把打制过的燧石。他由此推测，在有史前动物的时候，人类已经存在了。

一种分类

依然是 19 世纪，丹麦人汤姆森将史前时代分为三个阶段：石器时代、青铜时代和铁器时代。

猜猜看

史前阶段是什么时候结束的？

随着文字的发明，史前阶段就结束了。埃及和美索不达米亚的文字约诞生在公元前 3500 年出现的。

从猿到人

还是在 19 世纪，英国人达尔文证明了几千年来动物和人类一直在不断地进化。他还证明了人类是由猿进化来的。在当时，这个想法震惊了所有人。

新的科学

考古学在 19 世纪成为真正的科学。考古学家不再仅仅是古董收藏者，而成了研究过去的学者。

今日考古学

考古学是探究过去的科学，学者们常需要从残存下来的物件和遗迹入手研究。但是过去发生的事那么多，仅凭一人之力是不可能了解全部的……

多种学科

看！在这个地方，土地可以为我们揭秘久远的过去。都有哪些科学家会参与其中呢？

如果石头对我们了解地球的历史更有用处，那我们就需要地质学家的帮忙。

如果需要研究化石，那我们就会请来古生物学家。

如果发现的是某个人类曾经发明的器物，那就是考古学家的工作了。

- **古植物学家**
  研究植物化石。

- **古动物学家**
  研究动物化石。

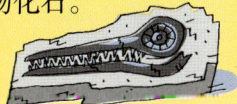

- **古人类学家**
  研究人类化石。

- **史前考古学家**
  研究史前人类。

- **埃及学家**
  研究埃及文明。

- **还有其他考古学家**
  研究希腊文明、罗马文明、中世纪文明……

寻找考古学遗址

有些时候，考古学遗址很容易就可以被发现，比如英国的巨石阵。可更普遍的情况是，我们需要通过长时间的寻找才能发现遗址。如何寻找呢？跟我来吧！

鸟　瞰

从飞机上向下看，我们熟悉的地球会变得不同。有时，一些奇怪的线条会出现在我们的视野中。它们从何而来？又能告诉我们什么呢？

用植物来验证

1 将 10 颗小扁豆放在一杯清水中，浸泡一夜。

实验准备：
- 一些小扁豆
- 三个玻璃杯
- 一把松软的土壤
- 一些碎石子

2 将土壤放在第二个玻璃杯中，把碎石子放在第三个玻璃杯中。向玻璃杯中加入适量的清水。

3 在每一个玻璃杯中各放 5 颗小扁豆。

4 在一周的时间里观察豆子发芽，记得常常给这两个玻璃杯加水。看看哪个水杯里的豆苗长得更好。

你知道吗

很久以前，有人在秘鲁的纳斯卡大沙漠里画下了巨型的线条，如今我们从空中可以清楚地看到那些巨大的鸟、猴子和蜘蛛的图案。可是考古学家们至今也不知道这些图案的含义。

土壤中的豆子长得更好些，因为土壤比石子更容易锁住水分，也富含更多的营养。田野中的情况也是一样的。但是如果田地里曾建过房子，土壤下有石头地基，那么农民伯伯在田野里撒下作物的种子，这些作物就会长得不如其他地方的作物好。这样，我们在天上俯视大地的时候，就可以发现房屋的痕迹啦！

金属探测仪

图片里的人拿着一口奇怪的煎锅做什么？他是在用金属探测仪寻找丢失的物品：钱币、钥匙、马蹄铁、罐头盒……

探测铁器

1 用一块透明胶条将细线粘贴在磁铁上。

实验准备：
- 一块磁铁
- 一根和这本书一样长的线
- 一卷透明胶带
- 一把铁质钥匙（会与磁铁相互吸引）
- 一张报纸

2 请一个朋友将报纸放在桌面上，然后把钥匙藏在下面。不许看哦！

3 用细线提起磁铁，让磁铁在贴近报纸的上方慢慢移动。

真真假假

在法国，任何人都有权利利用金属探测器寻找宝物。

假的。没有政府的许可，任何个人都没有权利使用金属探测器进行考古发掘。

4 当磁铁震动的时候，钥匙的位置就暴露了！

磁铁在报纸上方移动时，突然震动起来，这说明钥匙就在磁铁的下方，因为磁铁与铁制品会相互吸引。你已经发明了一个探铁仪哦。真正的金属探测仪运行起来会有些不同——它们是由一个通电的线圈构成的，当线圈从金属制品的上方经过时，电流的方向就会改变，操作者便探测到了金属的存在。

电探测

这个奇特的仪器可以向地下输送电流，这样做可以帮助我们判断地下是否有隐藏的建筑物。来看看它是怎么工作的吧……

判断电流是否通过

1 将两根电线的一端分别粘在电池两个凸起的地方。

实验准备：

● 几节电池（4.5伏）
● 一个手电筒里的小灯泡
● 两根头尾两端裸露的电线
● 一卷透明胶带
● 一把金属钥匙
● 一根铅笔芯
● 一把塑料格尺

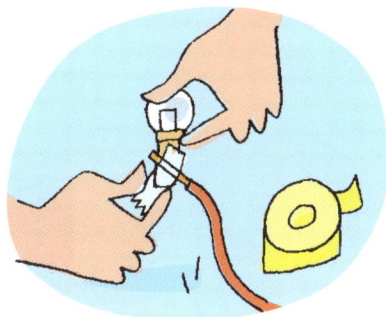

2 将一根电线的尾端粘贴在灯泡的尾部。

注意

与电相关的实验只能用4.5伏的电池进行，不可以使用电源插座，否则你很可能会面临触电的危险！

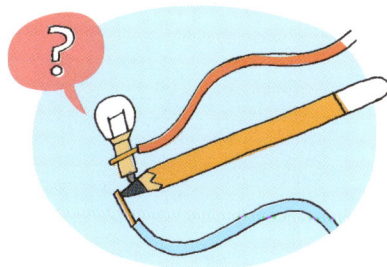

3 将灯泡的尾部放置在一把金属钥匙上，把另一根电线的尾部也摆放在钥匙上，就放在灯泡旁边。小灯泡亮了吗？

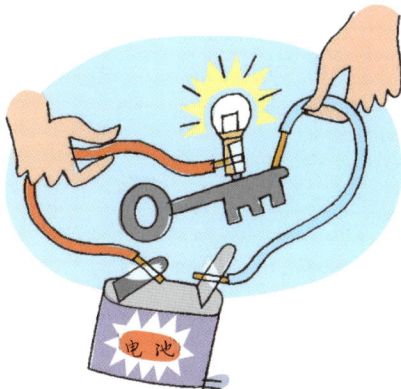

4 重复实验，这回把钥匙换作铅笔芯。小灯泡亮了吗？

5 再把铅笔芯换成塑料格尺试试呢？

电流是由一种叫作电子的微小粒子构成的，这些粒子可以轻松地通过金属，这就是金属钥匙上的小灯泡会闪闪放光的原因！但是它们通过石墨就没有那么轻松了，所以在铅笔芯上，小灯泡只发出微弱的光。电子是无法通过塑料的，因此，在塑料格尺上，小灯泡根本不会发光。我们可以把这个原理应用到考古学上：地表以下的部分是石头还是泥土，会影响电流通过的程度。这样，我们就可以猜测地面下藏着什么了。

文字里的信息

有时，引领我们发现遗迹的线索也会隐藏在古老的文字中。著名的特洛伊城就是这样被发现的。

发现特洛伊城

一个人

施里曼是一个 1822 年出生的德国人。赚得第一桶金后，这个冒险家爱上了考古，于是他开始了寻找特洛伊古城的旅程。

猜猜看

什么动物经常与特洛伊城联系在一起呢？

马，特洛伊城与马是分不开的。一只大的木制骏马，将希腊的巨人们藏起来运到这座城中，战士们就是藏在这匹马中偷偷潜入特洛伊城的。

一场战争

特洛伊是一个位于亚洲中部的城市，3200 年前，特洛伊人与古希腊部落在这里进行了一场十分著名的战争。希腊诗人荷马在作品《伊利亚特》中曾讲述过这场战争。

一首诗

荷马的一首长诗中暗藏了许多关于特洛伊城地理位置的线索。比如，诗中提到了两条河流。但是很长一段时间以来，历史学家们都只把它当作虚构的传说。

一座城

仔细阅读《伊利亚特》之后，施里曼找到了一个可能是特洛伊城遗迹的地方。经过挖掘后，他发现了九座叠加在一起的城市残骸。这就是古老的特洛伊城！

机缘巧合

冰人奥茨是我们为这个史前人物取的名字。一次偶然的机会，人们在奥地利的冰川上发现了他。其实，许许多多的考古发现都源自某个偶然的机遇。

看，这是什么

一次散步

　　1991 年，奥地利的一批远足者出游时发现冰川上露出一个男人的上半身。和这个人一起被发现的，还有一把木制的弓、一柄石刀和一把铜斧。冰川将冰人奥茨的木乃伊保存了足足 5300 年……

一次潜水

　　另一个归功于偶然的考古发现：1991 年，潜水员亨利来到了法国马赛附近的水下岩洞内。在这里，他发现了史前人类在 3 万年前画下的动物壁画。

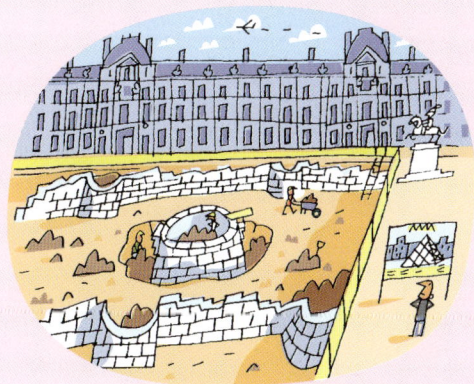

一次施工

　　在建造公路、铁道、房屋时，工人们也可能会发现考古遗迹。在巴黎建造卢浮宫门前的金字塔时就发生了这样一件事。

还有一次

　　1947 年，死海西北部的一个少年牧羊人出门找寻丢失的牲畜，他在路上发现了一个岩洞，洞内藏有公元前的人抄写下的古经卷，这就是著名的"死海古卷"。

一次农耕

　　农民伯伯在耕作土地时，突然犁铧受到了石头的撞击。农民伯伯下车查看，便发现了一个古老房屋的残垣……真是处处都能有发现啊！

我找到啦

如果你在一次闲逛时发现了一个史前的石棚，你是否有权利在这里继续挖掘以便有更大的收获呢？

我们可以做什么

一切都很重要

对考古学来说，每一个小细节都很重要，比如，发现遗迹的地点。如果考古爱好者们自己动手来挖掘，很可能会破坏十分重要的信息，影响我们对过去的认知。

法律是如何规定的

为了避免以上的情况发生，法律规定只有专业人员才可以进行考古发掘，其他个人是没有这种权利的。

如果一次偶然……

如果你某次在地下发现了一个古代物品，不要随意碰它。请通知当地政府，他们会把消息转达给国家。之后会有考古学家来查看你的发现，他们很可能会进行挖掘。

属于谁

凡是中国境内出土的文物，都应该归国家所有。

发掘现场

一处遗迹被发现，挖掘者们便会带上工具赶来工作。他们都会用到哪些工具呢？勘探又是如何进行的呢？

考古学家

在发掘现场，一名考古学家是远远不够的，我们需要一整个考古团队。团队中的每个考古学家都有着属于自己的特殊任务。

各司其职

摄影师负责摄像，绘图师负责绘画，因为发掘现场是在不断变化着的，所以他们的照片和图画可以让我们回忆起现场的每一个发展变化。

猜猜看

在一个发掘现场，共有多少个人一起工作？

这张插图描绘了工地的人口，还有可以利用的闲散劳动者来呢！告诉您，有可能是几人，也有可能是几十人……

地形学家根据每件事物的位置绘制工地的图纸。

发掘负责人是整个工程的领导，所有的活动都由他来指挥。他会确认工程是否正常进行，并负责管理资金、撰写报告等。

发掘者负责挖掘文物，他们在小本子上记录下他们的发现，并把找到的文物放进事先准备好的塑料袋中。

必要时，专家们会前来帮忙：古人类、古动物病理学家对骨架上的伤痕很感兴趣，孢粉学家专门研究花粉，沉积学家喜欢探索泥土样本……

工 具

开工啦！工欲善其事，必先利其器。考古学家的工具可是很有讲究的。现在就来看看都要准备哪些工具吧！

各式各样的工具

大型工具

开始的时候，为了可以快速展开工作，考古学家们会运用铲、镐、独轮车等大型工具，有时也会用上挖土机。但要小心不能破坏文物哦！

筛子

为了防止包裹在泥土里的小型文物被扔掉，我们会把泥土用筛子筛上一遍。细小的泥土颗粒从网眼里流走，剩下的就是小石块、陶瓷碎片、小骨头……

工具的保养

每个工具在使用之后都要擦洗干净放在指定位置，这样考古学家下一次要使用这些工具时才能很快地找到它们。

小型工具

一件瓷器要重见天日啦，快！准备挖掘工具：不同形状的镘刀①，用来刮去泥土；修枝剪②，用来剪掉缠绕在文物表面的植物根茎；各式刷子③，用来扫浮灰，最后还会用到刮刀④。

绘制平面图

经纬仪①和标杆②用来丈量尺寸。我们还可能会用到其他种类的尺子③、气泡水准器④和铅锤⑤。其中铅锤是帮助我们判断水平面和垂直面的。

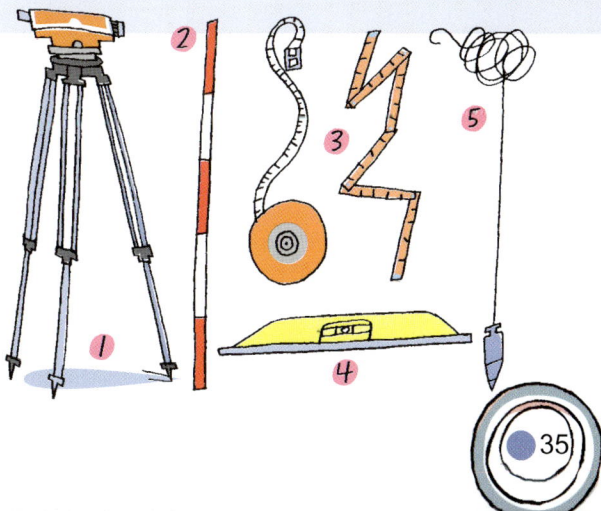

在地表探索

看到这个红红绿绿的方框了吗？我们经常会在发掘现场看到它。考古学家把它叫作"方格"。你知道它是做什么用的吗？

制作"方格"

1 在纸中央画一个横宽各为 18 厘米的方框，然后把它剪下来。

2 在方框的外面，每隔 3 厘米画下一个圆点，在这些圆点上涂上胶水。

3 横着粘贴 5 根生面条，再竖着粘 5 根。

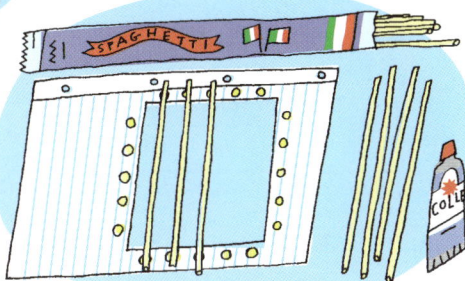

4 胶水干了以后，把横向的小格子从 1 标至 6，纵向的小格子从 A 标至 F。

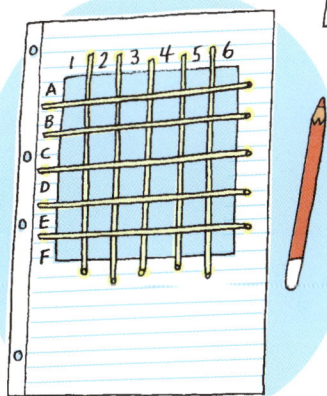

实验准备：
- 几根生面条
- 一张带小格子的白纸
- 胶水
- 剪刀
- 一把格尺和一支笔

你知道吗

在发掘现场，每个被发现的文物都有自己的编号和记录。这样，考古学家之后就可以回忆起每个文物发现时的位置和时间啦！

现在你已经做好一个方格网啦！它有什么用处呢？把几枚硬币随意摆放在桌子上，然后把你的方格网放上去。记下每枚硬币所在的小格子，就可以知道硬币的位置啦！比如，黄色的硬币在 2-C 的小格子里。之后，我们只需要在另外一张纸上画下同样的方格，然后在位置是 2-C 的小格子里画上硬币，就可以完成图纸啦！就好像在玩"打飞机"游戏一样！在考古学中，方格可以帮助人们记录下物体的准确位置。

在深处探索

5d

5f

5e

6

7

8b

8a

9a

如果你不断向下挖掘你脚下的土地，你会发现10厘米深、1米深和10米深的泥土是不一样的。土地有不同的分层。对考古学家而言，知道这些十分必要。

地层再现

1 和大人一起来到室外。给第一个塑料袋装上沙子，第二个袋子装上小石子，剩下的两个袋子分别装上其他两种不同的泥土。

实验准备：
● 四个透明的塑料袋
● 一个短颈大口瓶

2 回到家里，先把装有小石子的袋子倒入瓶中，石子高度大约几厘米的样子。

真真假假

现代城市常常建造在古老城市的残垣上面。

真的，因此，考古工作者可以层层地挖掘残垣，这样他们手下的有的建筑越往下年代越久远，于是重现了古老时代。

3 然后把一种泥土倒在石子上，然后倒沙子，最后倒另外一种泥土。

4 从侧面观察瓶子，看到不同的土层了吗？

我们脚下的土地并不是一天形成的。在几千年的演变过程中，有山脉出现，也有山脉遭到侵蚀而消失，河流带来砂石，树木的落叶化作泥土。一层一层不同的泥土就这样叠在一起，最新的一层在最上面，就像你的瓶中的情况一样。这些"地层"对考古学家来说有着十分重要的意义。如果在同一个地层中，我们既发现了被史前人类打制过的燧石，又发现了猛犸象的骨头，我们就可以认为这两种生物曾生活在同一个时代。

浇筑模型

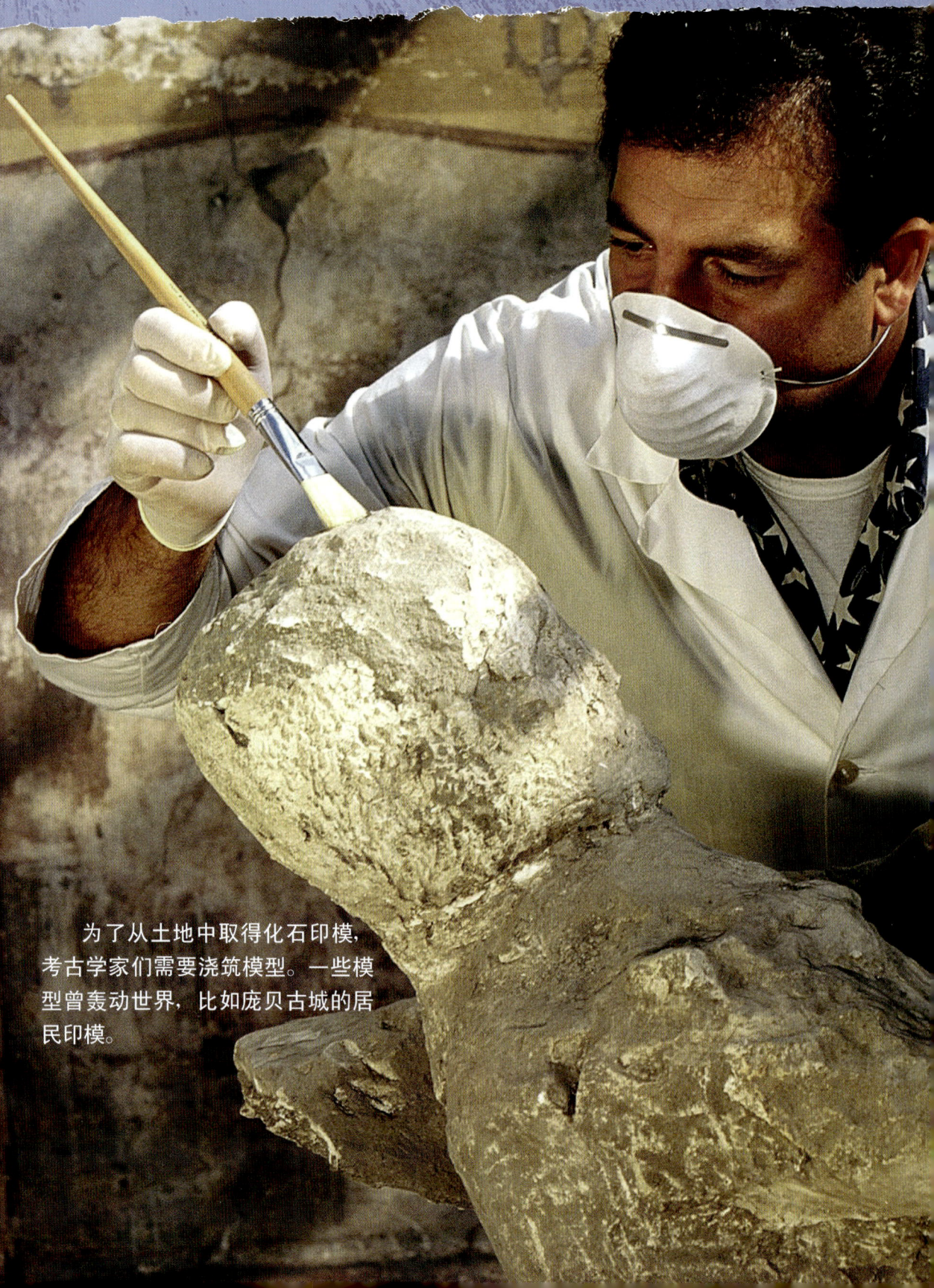

为了从土地中取得化石印模，考古学家们需要浇筑模型。一些模型曾轰动世界，比如庞贝古城的居民印模。

制作拇指模型

1 为你的拇指制作一个模型。用橡皮泥包裹住你的拇指，轻轻按压让橡皮泥完整地复制下拇指的形状。轻轻把手指从中抽取出来。

实验准备：

- 一块橡皮泥
- 一些石膏
- 一个玻璃杯
- 一把塑料勺

2 在杯子里加入石膏和少量水，搅拌。

你需要赶紧清理残留的石膏，因为石膏干得很快，石膏干了会变得很硬，就很难被清除了。

3 把搅拌后的液体倒入橡皮泥模子中，找一位大人来帮忙完成这一步。

4 石膏干了以后就可以揭掉橡皮泥，欣赏你的成果啦！

你已经做好了一个拇指石膏模型。而庞贝古城的印模是这样做成的：当火山爆发时（见第79页），很多丧生的居民都被掩埋到了灰烬中。他们的尸体已经分解消失了，可是掩埋他们的灰烬却已经变硬，从而保留下了他们身体的形状，就好像你的橡皮泥一样。后来，考古学家将石膏注入这些灰烬中，之后他们打碎外层变硬的灰烬，就得到了石膏做成的身体模型啦！

实验室

在挖掘过程中会发现很多文物，我们给这些文物拍照、编号、收录，最后打成小包裹发往实验室进行后续研究。

加　固

这艘瓦萨号帆船于 1628 年沉入海底。300 年后，人们将它打捞上岸。在海水中浸泡了这么久，船体很脆弱。为了不让木板破裂，我们需要对帆船进行加固。

加固火柴

1 在厨房中，让大人帮忙点燃蜡烛。

2 让大人点燃两根火柴，并在它们燃烧到一半时将它们吹灭。

3 等到蜡烛上方的蜡变成液体时，吹灭蜡烛。将其中一根火柴燃烧过的一端浸入蜡油中沾湿。

4 把两根火柴一起放到小碟子里。

5 用手指轻轻按压每根火柴燃烧过的地方，哪一根更坚固一些？

实验准备：
- 几根火柴
- 一根平头蜡烛
- 一个小碟子
- 一位成年人

你知道吗

文物经历的每一次加工处理都应该是可逆的。也就是说，考古学家必须能够将文物恢复到加工处理前的状态。

在蜡油中浸泡过的火柴更加坚固，另外一根被触碰后就变作了灰烬。在考古过程中，那些被重新打捞出来的船只都十分脆弱。如果我们放置不管，等它们晒干后木板就会变脆，很容易就破碎了。有一种加固方法就是给木板来一次特殊的"洗浴"，但不是用水而是用松脂。这样，木板就重新变得坚固了，就像你那根在蜡油中浸泡过的火柴一样。

清　理

在我们的家里，我们清理床单、地板、玻璃和银餐具的方法都是不一样的。在考古学中也是一样，根据文物种类的不同，我们会采取不同的清理方式。

不同的方法

刷子

　　清除附着在文物表面的泥土、苔藓和大块污渍时，考古学家会选择使用刀、大刷子、小刷子再配上清水。当然，他们会注意不破坏文物的！

激光

　　想清理一个石头雕像又不破坏它，考古学家会在它的表面喷洒一种细小的、有清理作用的颗粒。他们还会使用激光进行文物清理，激光是一种能量很高的光束。

你知道吗

　　在清理过程中，考古学家会给文物照很多照片。这样就留下了工作过程中对文物每一次变化的记录。

电流

　　随着时间的流逝，很多金属文物的表面都被氧化了。要将表面的氧化物去掉，就需要把文物浸泡到一种通了电的特殊液体中。

化学反应

　　最后，我们还可以使用化学制剂来清理文物：有的制剂可以清除污点，有的可以溶解沉积的钙质，还有的可以杀死微小的真菌或使壁画的颜色更持久……

修复

这么多碎片！考古学家发现瓷器文物时，它们常常已经破碎不堪。在实验室中，工作人员需要耐心地把这些拼图拼凑到一起。

修复小花盆

实验准备：
- 一个陶土小花盆
  （大约10厘米高）
- 一把小锤子
- 一瓶胶水
- 一卷透明胶带
- 一张报纸

1 让大人帮忙用小锤子将小花盆砸成十来块碎片。

2 在报纸上重新把花盆底部的碎片找到并拼凑起来，用胶水粘好。

3 找到和底部碎片相连的碎片，把它们一点点粘好。

猜猜看

要是有碎片丢失了该怎么办呢？

我们必须由一块形状作着差不多的碎片，这样我们就能大致看出瓷器的样子了。

4 就这样继续。如果有哪片碎片不牢固，胶水干了以后再用透明胶带粘一下。

你将小花盆修好了吗？太棒啦！考古学家有时需要拼凑几十块甚至几百块碎片。幸运的是，一些瓷器上涂有颜色，这样考古学家就不仅可以根据形状，还可以依照图案和色彩进行拼凑。有时情况也会变得十分复杂——很多花瓶的碎片混合在了一起，这就好像你把好几种拼图混合在了一起，然后才开始拼！

看不见的线索

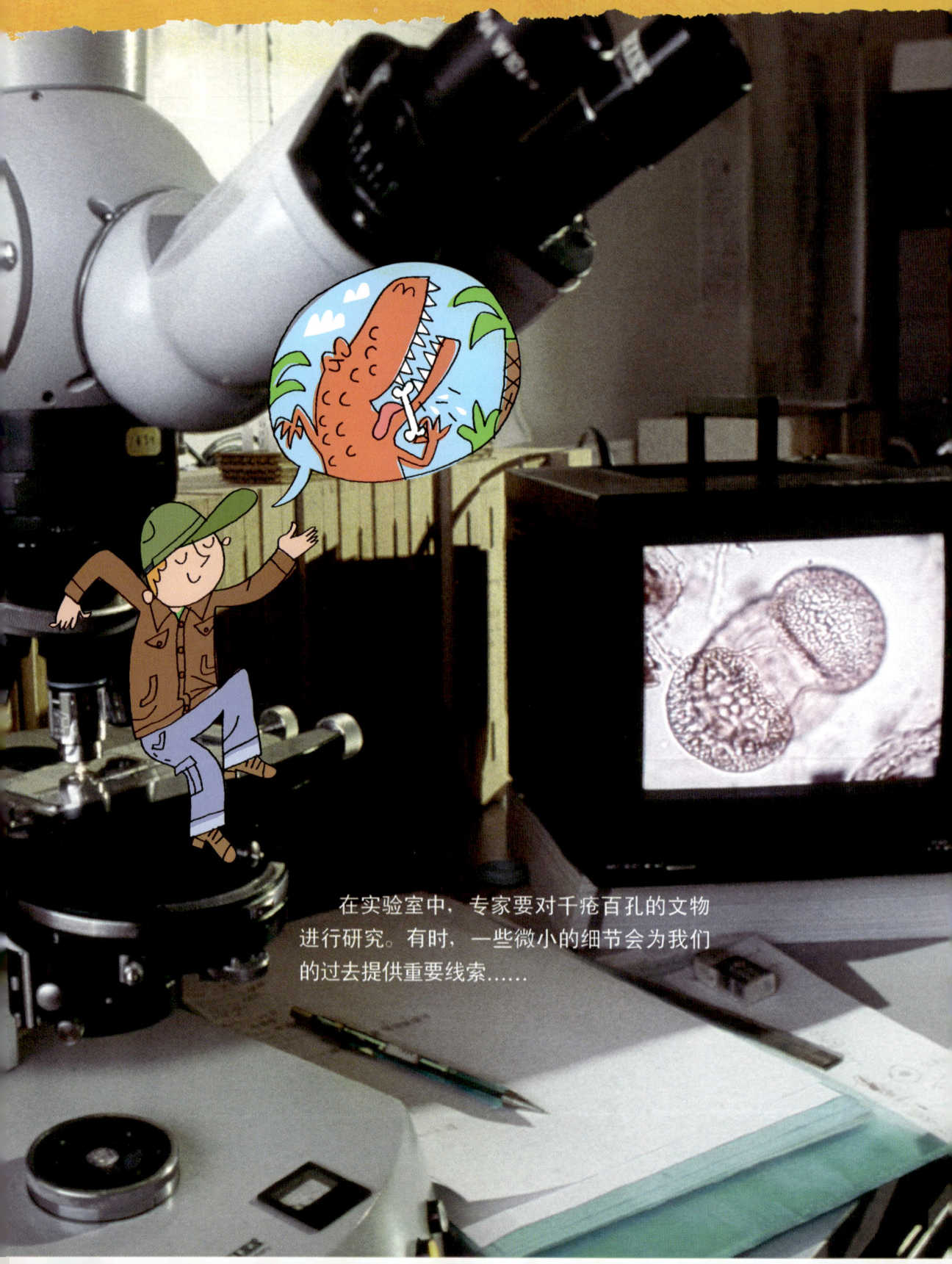

在实验室中，专家要对千疮百孔的文物进行研究。有时，一些微小的细节会为我们的过去提供重要线索……

泥土里有什么

1 仔细观察泥土，你看到了什么？

2 在沙拉碗中倒入清水，抓一把泥土放进去。搅拌一下，然后等待一会儿。

你知道吗

在史前人类的牙齿上有一些微小的条纹。根据这些条纹，我们可以判断这些人类当时的主要食物是肉类、软一些的水果还是肉类及硬一些的水果。

3 你在水的表面看到了什么？你知道这是什么吗？

在沙拉碗中，泥土由于比水更重，会沉到水底。小树枝、叶子和小块的树皮则会漂浮在水面上，在把泥土放进水中之前，你看到它们了吗？对泥土的研究为我们了解过去提供了重要的线索：花粉粒证明了某种植物曾经存在过，粪便颗粒可以证明动物的存在。在显微镜下观察，可以帮助我们判断黏土的种类和培烧的方式。这些小细节可以传达的信息还真是多啊！

你几岁了

这些皮凉鞋是什么时候制作的？要知道它们的年龄，可以借助一种叫作碳 14 的物质。快来看看如何操作吧……

测量碳 14

碳 14

当人类、动物、植物活着的时候，体内都会存在一种微小的粒子，这些粒子的名字就叫作"碳14"。在生物死去之后，这些颗粒就会慢慢地消失。生物死去的年代越是久远，生物体内碳14的含量就会越少。

测量

科学家会测量骨骼、毛发和木头碎片中剩余的碳14含量。由此，他们就可以推测出人类、动物及植物死亡的时间。

计算年龄

对碳14含量进行测量，我们就可以知道皮制凉鞋、亚麻布、木头雕塑、骨头针等事物的年纪啦！总而言之，一切由生物原料制成的东西，我们都可以测量它的年龄。

动物　植物　植物

其他方法

测量其他材料制品的年龄，我们也有方法：对于石头，我们可以测量它的放射性；对于陶瓷，我们可以测量它的磁性或观察它的反射光线。

你知道吗

想知道一个物品的年龄，我们还可以把它和其他物品进行比较。比如，埃及每个时代的雕塑都会有各自的特点，如果有一个雕塑的样式与其他阿肯那吞法老时代的雕塑相同，那么它很可能就制作于那个时代。

了解过去

一旦实验室里的研究结束，考古学家们就会编写研究报告。他们会在报告中讲述他们的发现。正是考古学家的这些研究，才让今天的我们对祖先在遥远过去的生活有了些许了解。

着火啦

好香！走进岩洞就看见这么香的烧烤，好棒！可是史前的人类既没有火柴，又没有打火机，他们是怎么生火的呢？

用木头生火

实验准备：
- 两把圆柄的木勺
- 一把椅子

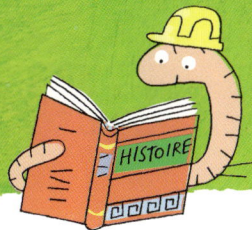

1 在椅子上坐下，将一把木勺放在腿上，用另一只手拿好另一把木勺。

2 用力地、飞快地将一把木勺的柄在另一把支柄上摩擦 10 秒钟。

3 注意！摩擦时要保证两个勺柄接触的位置是在同一个地方。

4 把摩擦过的地方放在嘴唇上，感觉到热量了吗？

你知道吗

50 万年前，人类就已经会使用火。可能是某一次树枝被雷电击中起火，被他们拿来使用了。而人类真正懂得自己生火还是一段时间之后的事。

飞快摩擦两个物体会产生热量。史前人类就是用一根小木棍在木板上不断摩擦来生火的。如果选取了正确的木头，正确的姿势再加上耐心，小木棍就会不断升温，坠落下来的木屑就会燃烧。这时候，再放上干草或一种叫作火绒的蘑菇，它们就会燃烧起来。另外，用力撞击两块石头——火石和黄铁矿，也可以产生火星，这是另外一种生火的技巧。

打制的石块

这就是来自克罗玛尼翁的一整套完美用具：打制后的石质工具和武器。要制造这些用具，可是需要很高的技巧的。

石头变工具

偶然破碎

起初，史前人类可能只是捡来已经破碎的石头使用。他们发现用石头尖锐的地方切割肉十分方便。因此，就有了自己砸碎石头来使用的想法。

打制石块

想用火石打造一把刀，需要先找到一大块火石，我们也把它叫作燧石块。接着，用一块坚硬的鹅卵石撞击燧石块，这块鹅卵石叫作撞锤。燧石块与撞锤撞击时掉落的一片薄薄的石片就是石制的刀片啦。

各式工具

几千年过去，打造工具的技术得到了不断的完善。慢慢地，人类已经可以制造出剥离动物毛皮的刮刀、打孔的钻头、雕刻木头的凿子，以及长矛的尖头等。

你知道吗

打制石块的时代叫作旧石器时代，这时的人类靠打猎和采摘果子为生。磨制石块的时代叫作新石器时代，这时的人类已经开始饲养动物、种植作物了。

打磨石块

1万年前，史前人类已经开始在巨大的砂石块上打磨石头。这会让他们的工具更加耐用，而最常见的工具就是斧子。

有块骨头

我们在史前人居住的岩洞中找到许多带骨头和象牙的工具。用骨头和象牙可以制作比石头更加精巧的用具。

制作骨针

实验准备：
- 一些吃剩的鸡骨头
- 一张砂纸
- 一把圆规

1 在鸡骨架中找到一根又细又长的骨头，通常可以在鸡翅膀中找到。

2 用肥皂和海绵仔细清洗骨头。

3 在骨头的一头，用圆规的尖头钻出一个洞来。

你知道吗

目前发现的最早的装饰品的历史已有 13 万年！它是科学家们在对尼安德特人遗留物品的研究中发现的，而那个时期，欧洲大陆尚未出现现代人类。

4 把另一头拿到砂纸上打磨，直到它变尖。

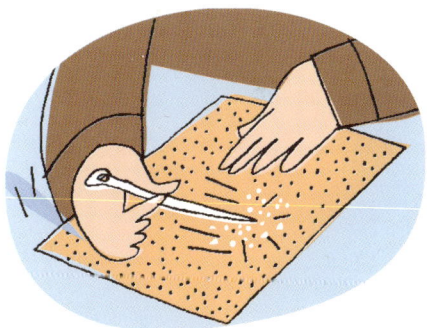

你已经制作了一枚骨针啦！如果你把它放置几天，水分跑掉后它就会变硬。50 万年前，人类只会用鹅卵石砸碎骨头，然后取其中比较尖锐的一块作为他们的锥子。2 万年前，人类就已经会将骨头切断、挖空、雕刻、刮擦，然后用骨头或石头做成的工具给它们钻孔，制作针、鱼叉和长矛了。

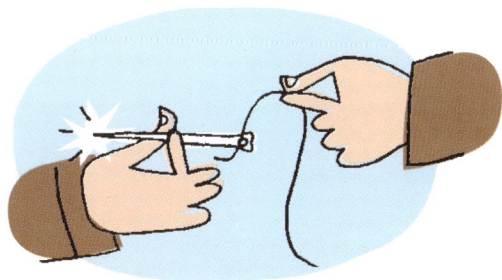

陶　器

要想从一整块石头中雕刻出一个尖底瓮，非得起个大早不可！幸运的是，还有更简单的方法：我们可以用黏土来制作尖底瓮。

制作花盆

HISTOIRE

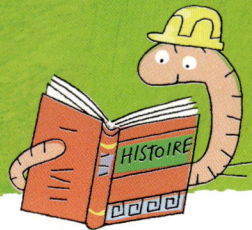

1 用黏土揉出十几个杏般大小的黏土团。

实验准备：
- 一些黏土
- 一把尺子

2 将其中一个黏土团用手压扁，然后按压成直径大约为 6 厘米的圆饼。

3 把其他的黏土团用手搓成长度大约为 18 厘米的长条。

4 把一个黏土条围绕圆饼的边缘摆好，再拿一条摆在它的上面，依此类推。

猜猜看

我们怎样才能让陶器不漏水呢？

没准儿是你用的黏土没有和匀。如果用的黏土是好的，只要在烤好的陶器里涂上一层蜡，如果你想在陶器里养花，一直接种上就可以。

5 用蘸了水的指尖仔细将小花盆的里侧和表面涂抹光滑，然后等它变干。

9000 年前，史前人类就已经制造出了世界上第一批陶器。你刚刚使用的这种用黏土泥条制造陶坯子的方法，是最古老的制陶技术之一。大约 6000 年前，一种新技术的发明使得制陶更加便捷，这就是陶轮——一种可以自行转动的木盘。这样，当我们把黏土放在上面时，它就会自己转动起来。制陶的人只要将手蘸湿，放在转动的黏土两侧就可以得到自己想要的各种形状的陶器了。

织 物

穿动物皮制作的衣服，是很不错的遮羞保暖方式。假如有布料，那就更棒了。但在知道如何制作布料之前，我们首先需要知道怎么纺线……

怎样纺线

1 在水中蘸湿手指，拽下一小块棉花，慢慢抽动。

实验准备：
- 一些脱脂棉
- 一杯水

2 就这样，慢慢地抽出一条潮湿的、细长均匀的棉线，长度大约和你的书一般。

猜猜看

从前，人们是用什么方法来织布的呢？

古时候的人们主要用植物（亚麻、棉花、荨麻等……）中抽取的纤维来织布，有些人还会用从动物身上取来的毛做布料，人们往往喜欢用多种纤维混合起来，制成布料。

3 让别人帮忙抓住棉线的一端，然后你来拿住另一端向一个方向不停转动。

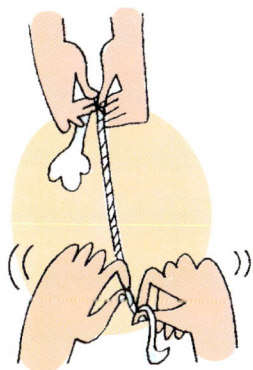

4 棉线被拧紧以后，一只手拿住中间的位置，另一只手将两头对折起来。松开抓住中间的那只手，棉线就会自己打起卷来。

用力拽一拽你制作的棉线，你会发现它是很结实的！迄今发现的最古老的布，是一块亚麻布，是在土耳其的一只鹿角中发现的，距今约有9000年。亚麻布的制作比较复杂，首先需要采集亚麻的茎，然后把茎放水里浸泡后不断击打，等击打得差不多后再从中抽取出亚麻纤维。梳理出这些纤维，然后把它们纺成线。把这些线放在织布机上交错缠绕，就可以织成布料了。

金 属

青铜时代，人类开始大量冶炼金属。2500年前，人类已经能够制作出即有图案的钱币。他们是如何做到的呢？

制作硬币

1 把折叠好的 T 恤放在瓷砖地面上，再把铝箔纸放在衣服上，最后在上面放上一枚硬币。

2 用锤子敲打衣服上的硬币。

猜猜看

人类是什么时候开始使用金属的呢？

人类开始使用金属是在很长的时间之前，早到6000多年前，那时候的人们就自己制造金属、之后锻造。

3 把硬币拿开，你在铝箔纸上看到了什么？

硬币上的图案拓印在了铝箔纸上。古希腊时期，人们就是用这种方式来制作钱币的——把金属放在模具上击打：首先，工匠会拿来一块金属，然后雕刻出钱币上应该出现的图案，这图案是左右颠倒的。然后，为了制作钱币的背面，他会再制作一枚"钱币"，并在上面雕刻出背面的图案。之后，工人会把将要做成钱币的金属放在这两块硬币中间敲击。这样，两枚硬币上的图案就出现在中间钱币的两面，像盖章一样。

奇妙的发现

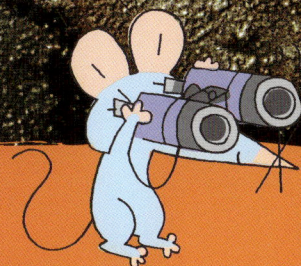

　　对考古学家而言，并不是文物越大就越重要。一块小小的陶器碎片，也可以传递大量的关于过去的信息。幸亏如此，因为大规模的发现实在是太少见了。不过，人类还是有过几次重大考古发现的，我们来了解一下……

露 西

1974 年 11 月 24 日，研究者在东非发现了一具由 52 块骨头构成的骷髅，他们给它取名露西。这具骷髅的主人是谁呢？

人类远亲

谁是露西

被发现的骨骼证明露西是一种灵长类动物。灵长类动物是一种可以运用双手抓取东西的哺乳动物。猴子和人类都属于灵长类动物。露西身高 1.2 米，体重大约 25 千克，去世时是 20 岁。

男孩还是女孩

从它的胯骨宽度判断，露西是雌性。根据腿部和背部的形状来看，她是直立行走的。而考虑到她手臂的长度，当时她应该也会攀爬树木。

人类的祖先？

露西属于南方古猿。她生活的时代距今已有 330 万年。有一段时间，古生物学家认为露西就是人的祖先，是"人类的祖母"。

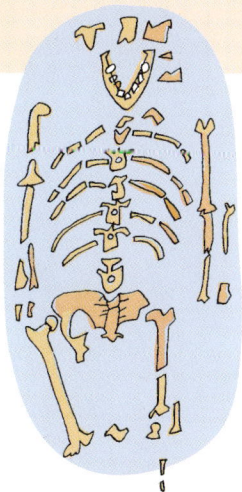

我们从何而来

今天，我们知道露西只是我们祖先中的一员。之后我们还发现了年代比她更久远的祖先——南方古猿，但她对我们来说依然很重要，因为她的骨骼是迄今为止我们发现的最完整的人类祖先的骨骼。

拉斯科洞穴

岩壁上的这幅奶牛图是史前人类所画，画有该幅壁画的岩洞位于法国西南部。岩洞的发现充满了传奇色彩……

不可思议的发现

闲逛

1940 年 12 月 12 日，四个来自佩里格的年轻小伙子带着他们的宠物狗在蒙蒂尼亚克城附近的乡下散步。突然，他们的狗冲进了一处隐蔽的洞穴中，它们也只好跟着进入了洞穴。

洞穴

借助火把的光，他们四人在石壁上发现了许多图案：马、牛、鹿、豹……这些图案是 17000 年前克罗马尼翁的居民画下的……

危险

这是一次惊人的发现，很快，这个岩洞吸引来大量游客参观。然而，游客呼吸产生的潮湿气体和二氧化碳对壁画造成了很大的破坏。

你知道吗

在岩洞中我们还发现了很多小物件：油灯、贝壳首饰、箭头，甚至还有绘制壁画的各式彩笔。

抢救

为了拯救被破坏的文物，当地政府决定对公众关闭岩洞。但是，他们建造了一座和岩洞一样大小的"洞窟"里面几乎原样复制了所有的图案。参观这个复制的洞窟时，游客们会感觉像在真的岩洞中游览一样。

图坦卡蒙

1922 年，英国探险家哈哈瓦德·卡特在卡尔纳伯爵的支持下，已经对图坦卡蒙的墓地进行了漫长的研究。他们的发现令世人震惊……

③
储物室

在这间狭小的房间里，可以找到储藏的面包、洋葱和一些装有食物的篮子。这些都是法老在另一个世界中的生活必备品。

④
安葬室

图坦卡蒙的木乃伊被放置在层层包裹的木制棺材中。

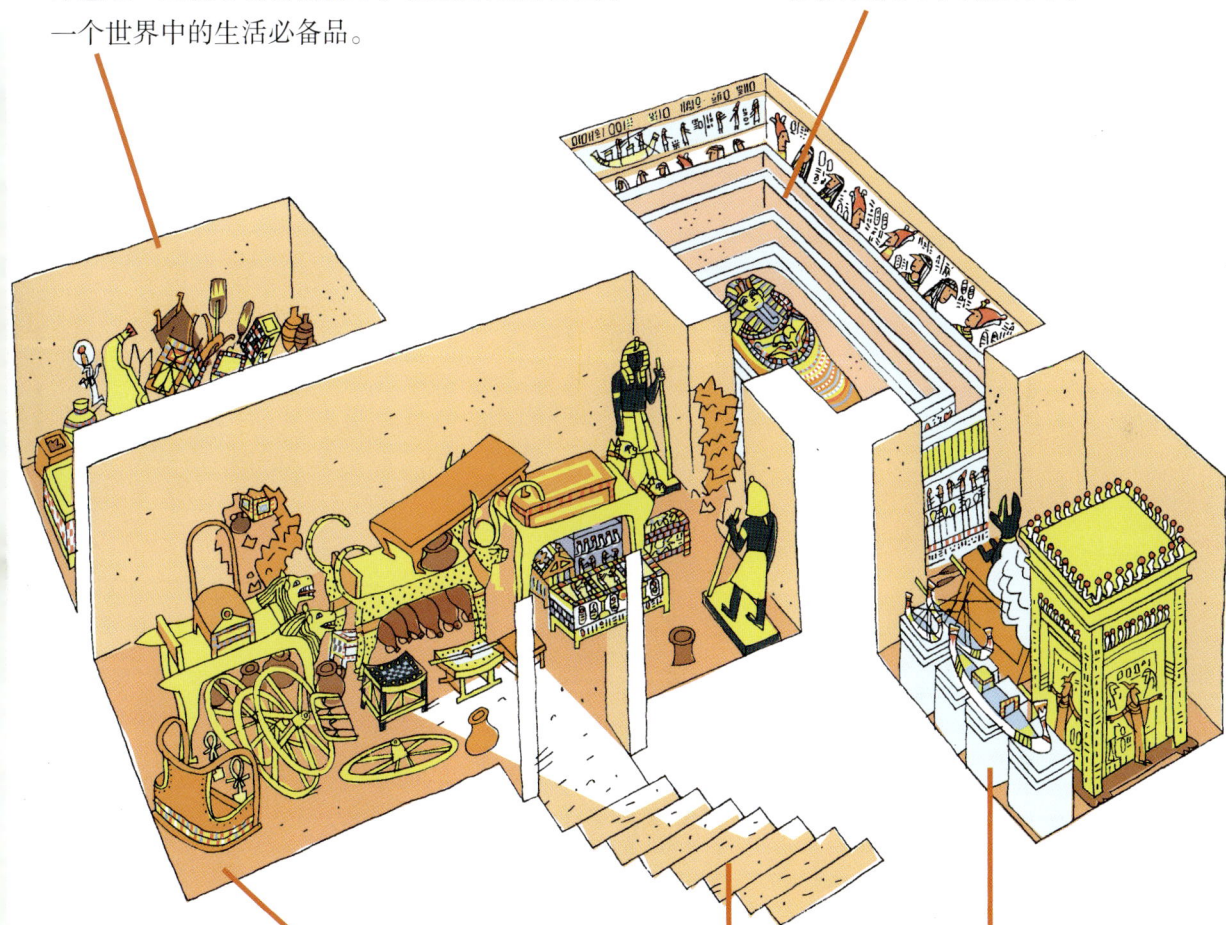

②
接见室

第一间墓室中，陈列了王座、拆卸后的战车、雕刻的石床……

①
楼梯

墓穴位于卢克索古城附近的国王谷中。通往地下墓室的楼梯被泥土掩埋了3300年，一直未被人发现。

⑤
宝藏

这个房间内，放置了大量的黄金雕像和宝箱。在一个精致的箱子中，人们还发现了法老的内脏……

真真假假

图坦卡蒙9岁时就登上了法老的宝座。

真的。图坦卡蒙去世时才到18岁，是一位年轻的国王。他之所以被人们知晓，是由于图坦卡蒙的墓穴。这是迄今为止，未被盗物的和珍藏最完整的墓穴。

兵马俑

1974 年，三个中国农民打算打一口井，在打井过程中他们发现了一个烧制的陶土雕像。不久，他们又发现了一个，接着，又是一个……

陶土军阵

吾皇万岁

2200 年前的秦始皇，是中国秦朝的皇帝。他战功卓著，征服了秦国周围所有的邻国，成为第一个统一中国的皇帝。

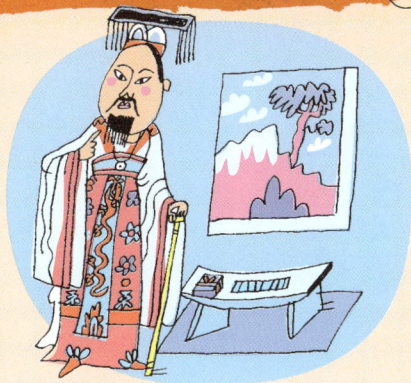

先见之明

秦始皇希望自己死后也能拥有活着时拥有的一切，因而，他在世时，命令 70 万工人用了近 30 年的时间为他建造了一座宏伟的陵墓。

猜猜看

法语称中国"Chine"，这个词是从哪里来的呢？

秦始皇建立的中国的第一个王朝，秦的发音是"qin"，这就是后来相似的"Chine"，由此而来。

被埋葬的军队

几千个陶土雕像和秦始皇一同下葬了：弓箭手、骑兵、将军、战车、马匹……一整支用来作战的部队！

互不相同

每个兵马俑都大约高 1.7 米，重 150 千克。但令人惊叹的还是它们的细节：发型、盔甲、胡须……没有哪两个士兵是相同的。就好像这是一支真正的军队一样！

庞贝古城

街道、房屋、粉饰的墙壁……在庞贝，考古学家发现了一座有着近 2000 年历史的、几乎没有被破坏的古老城市。在这里，时间似乎停止了。

一座城市的兴亡

宁静的城市

庞贝位于意大利的南部，公元 79 年，有几千个古罗马人在这里居住。这座富饶的城市中建有庙宇、剧院、公共浴池、竞技场、斗士的营房。直到有一天……

真真假假

一个从灾难中逃出来的人，讲述了事情的全部经过。

早晨，小雾弥漫在街道的空气中，忽然听见了火山爆发的巨响。他的情绪很激动，他只想着逃命，他根本想不起重建那座城市，更不敢想象。

维苏威火山爆发

公元 79 年 8 月 24 日的下午，城市附近的活火山爆发了。一些人逃掉了，一些人窒息而死。整个城市都被一层足有几米高的火山灰掩埋了。

重现

整整 17 个世纪过去了，意大利人已经忘记了庞贝城的存在。然而 1748 年，在建筑工人的铁锹之下，街道、房屋、庙宇又突然出现在人们面前，掩埋的城市因而得以重见天日。

现在

直到今天，庞贝仍然有三分之一的面积被掩埋在火山灰下。但是，重现的部分已经足够让考古学家对古罗马时代的日常生活有更好的了解了。

玛雅金字塔

1840 年，年轻的美国外交官史蒂芬斯与画家凯特·伍德结伴前往中美洲寻找失落的玛雅文明。

伟大的文明

玛雅人

玛雅人曾在中美洲的土地上创造出灿烂的文明。古典时期始于公元 250 年，那时，玛雅人已经掌握文字、数学、天文学——他们甚至可以预测日食的出现。

城邦

玛雅人生活的城邦都很繁华，在各大城邦的中央都可以找到宫殿、庙宇、天文观测台和体育场，城邦的四周建有贵族的宅邸，而普通百姓的住所，则建在离城邦较远的地方。

神秘的失踪

近公元 10 世纪的时候，玛雅人突然抛弃他们生活的城邦，移居到了乡下。是城邦间发生了战争？抑或是闹饥荒？发生了瘟疫？爆发了自然灾害？……对于其中原因我们不得而知，至今它仍是一个谜。

对还是错

今天，再没有任何一个人会讲玛雅人的语言。

错！公元 10 世纪，我们虽然离开了他们的城邦，但并没有抛弃我们的语言。今天，几百万人仍然讲着我们的语言。

鬼城

600 年后，西班牙的殖民者来到玛雅古城附近，但此时古城已经化作废墟，并被森林掩盖着，因而当时人们并不知道它的存在。直到 1840 年，人们才真正发现了它。

"玛丽玫瑰"号

考古发掘并不单单只在陆地上进行，那些古时候沉没的罗马人的战船、维金人的龙头船和中国人的帆船，都还在海底静静地等待着我们去发现。

水下考古

① 首先，考古学家会使用喷水嘴将船只上覆盖的海藻和沉积物清理干净。

② 接着，一个由塑料管制成的"方格子"会被放置在作业区上面。

"玛丽玫瑰"号的故事

"玛丽玫瑰"号是一艘英国帆船，建造于1510年，在1545年的一场战争中沉没。1966年，一批潜水员、科学家和考古学家开始对它进行打捞，在打捞的过程中，他们逐步发现了沉入海底的大炮、弓箭、餐具及水手的鞋子。1982年，整艘船被发掘了出来，之后，它被从海底打捞了上来。我们因此知道了这艘木制舰船的整体构造。

⑥ 在气球的帮助下，即使很重的物体，也可以轻松地浮出水面。

③ 工作中，考古学家会使用铅笔和防水纸进行记录。

④ 挖掘时既不用十字镐，也不用镘刀，而是用一种大型的吸尘器——淤泥都被吸进机器里，就不会让海水变浑浊了。

⑤ 每一个被发现的文物旁，都会放置一个塑料号码，然后考古学家会给它拍照。

这一切发生
在何时何地

❶ 露西
埃塞俄比亚
330 万年前

❷ 拉斯科洞穴
法国
1.5 万年前

❸ 冰人奥茨
奥地利
5300 年前

❹ 巨石阵
英国
公元前 2500 年

❺ 图坦卡蒙墓穴
埃及
公元前 1350 年

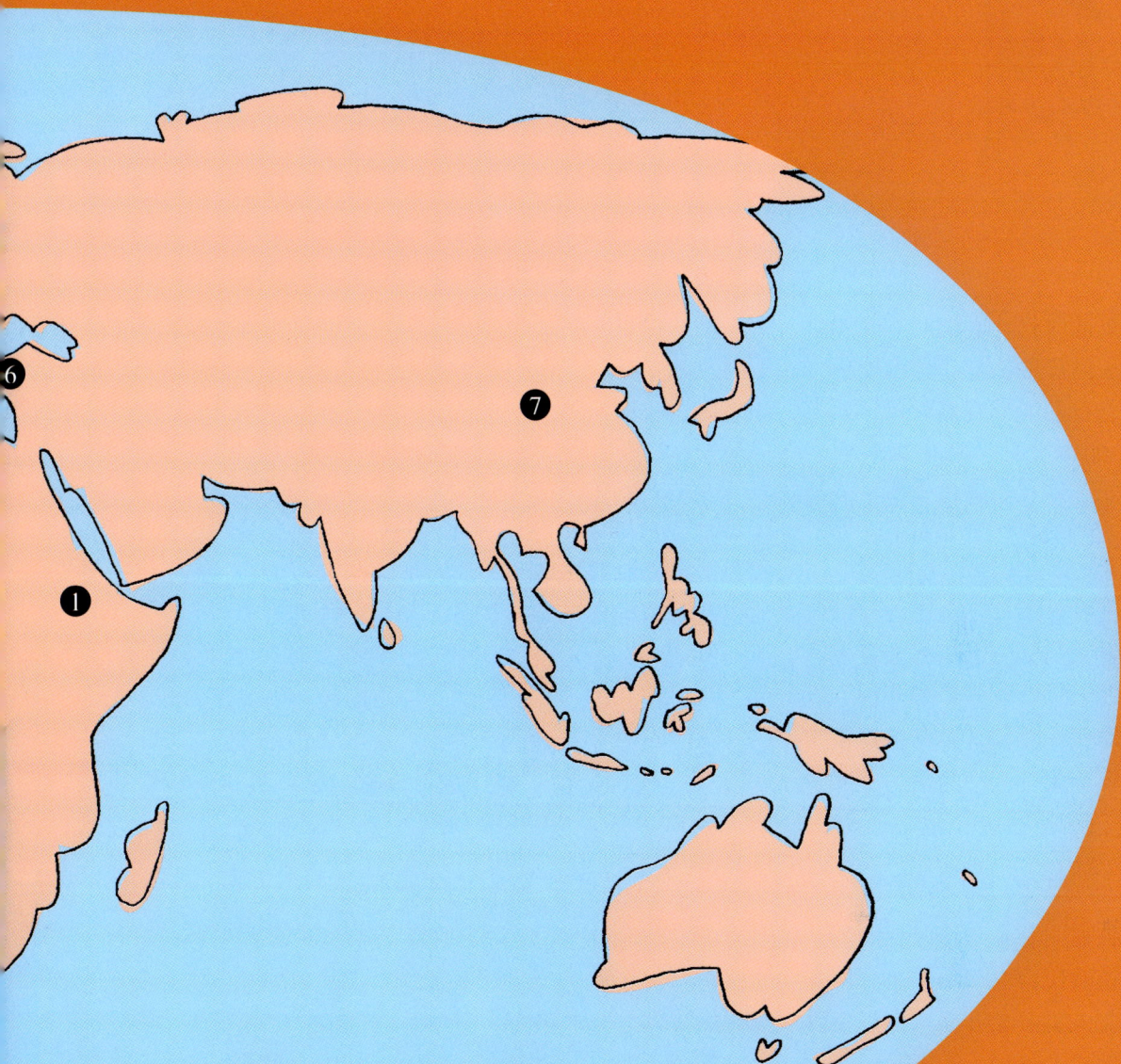

特洛伊灭亡
土耳其

中国第一位
皇帝的墓穴
中国

公元
0 年

庞贝古城隐没

墨西哥，
危地马拉
近 1000 年

"玛丽玫瑰"号
失事
英国

元前 1200 年　　公元前 210 年　　0　　79　　约 1000 年　　1545 年　　今天

词汇表

石器时代
史前时代，人类此时使用石头制成的工具。分为使用打制石器的旧石器时代（始于300万年前）和使用磨制石器的新石器时代（始于大约1万年前）。（P39）

青铜时代
青铜是铜与锡构成的合金。青铜时代始于4500年前，该时代标志着人类开始真正掌握金属的开采与冶炼技术。（P67）

铁器时代
铁器时代在青铜时代之后。该时代始于3000年前，标志着人类开始开采、冶炼金属铁。（P67）

古代
从人类创造文字（公元前3500年）到罗马帝国灭亡（公元476年）的一段历史时期。这一时期的艺术品，都被称为"古董"。

考古学
研究人类出现以来的文明，常常从挖掘出的文物入手。

南方古猿
人类的祖先，制造第一批打制石器的人。300多万年前生活在非洲。露西就是一只南方古猿。（P71）

方格
为制图而放置在地面上的方框。（P37）

克罗马尼翁人
3.5万年前出现在欧洲的史前人类。很可能是拉斯科岩洞中壁画的主人，是欧洲人的直系祖先。（P59、73）

推定年代
推断石头、化石、文物等存在年代的行为。（P53）

考古发掘
通过发掘土地，让人类几千年来留下的痕迹得以重见天日。（P30～41）

法律
所有法规条文的总成，规定了哪些事情可以做，哪些不能做。对考古学而言，法律规定没有许可是不能进行个人挖掘的。（P29）

古生物学
通过化石对曾经在地球上生存过的生物进行研究的科学。（P15）

史前时期
特指从人类出现到文字被发明这一段人类历史时期。（P13）

勘探
探索的行为，即为寻找某物而细致地搜索某地。（P17～29）

修复
修补，将艺术品或考古发现的文物恢复到曾经的模样。（P42～53）

地层
土地是由一层一层不同的泥土叠加而成的，就好像千层饼一样。每一层的泥土就叫一个"地层"。（P39）

地形学
将一个地域和该地域所包含的东西全部呈现在图纸上。（P37）

想知道更多……

阅读

如果你想足不出户地了解更多关于考古学的知识，你可以选择阅读书刊。

参观文物

想看看真正的文物是什么样的，就去博物馆吧！世界各地都有好多与考古学相关的博物馆——我们可以在那里看到人类各个时期的古物呢。

参观遗迹

最好的方法，还是亲自去参观考古学遗址。不必到埃及或庞贝古城那么远的地方去，去各个城市的博物馆就可以……你还可以去考古公园游玩，这些公园恢复了史前居住环境的旧貌。

参加活动

一些博物馆、考古公园和协会专门为儿童组织活动。你可以了解史前人类是如何打制石器的，也可以了解古人是如何做饭，以及如何制作陶器的。

查询信息

让大人帮忙查一查，你住的地方附近有哪些博物馆。网上可以找到许多相关信息。

如何成为考古学家

你对埃及文明着迷吗？你对玛雅人、中世纪感兴趣吗？你想成为考古学家吗？有很多方式可以实现你的梦想。通常，考古学家都会先花很长时间研究历史、艺术史和文学，然后才成为考古学专业的人才。为了学习考古，他们会参与真正的发掘活动。在这里，可以学习如何使用镘刀，如何画图，如何绘制图纸……要成为考古学家需要满足以下条件：不畏惧困难艰苦的工作，喜欢团队合作，有毅力。这最后一条是最重要的，因为想当考古学家的人很多很多，但最终当上的却很少很少……

图书在版编目（CIP）数据

考古：探墓我不怕！/ (法) 纳斯曼著；(法) 艾伦绘；
陈晨译.—北京：北京日报出版社,2016.6
（睁大眼睛看世界）
ISBN 978-7-5477-2057-8

Ⅰ.①考… Ⅱ.①纳… ②艾… ③陈… Ⅲ.①考古
发现－世界－少儿读物 Ⅳ.①K86-49

中国版本图书馆CIP数据核字(2016)第066438号

L'Archéologie © Mango Jeunesse, Paris – 2013
Current Chinese translation rights arranged through
Divas International, Paris(www.divas-books.com)
巴黎迪法国际版权代理
著作权合同登记号 图字：01-2015-1939号

考古：探墓我不怕！

出版发行：北京日报出版社
地　　址：北京市东城区东单三条8-16号　东方广场东配楼四层
邮　　编：100005
电　　话：发行部：（010）65255876
　　　　　总编室：（010）65252135
印　　刷：北京缤索印刷有限公司
经　　销：各地新华书店
版　　次：2016年6月第1版
　　　　　2016年6月第1次印刷
开　　本：787毫米×1092毫米　1/16
印　　张：5.5
字　　数：140千字
定　　价：32.80元